Das tödliche Buch

Autor: Der Tod

Niederschrift nach Anweisung des Todes:

Bernhard Mathiuet

tredition®

www.tredition.de

Umschlaggestaltung: Bernhard Mathiuet

Lektorat: Simone Burgherr

Verlag: tredition GmbH, Hamburg

ISBN 978-3-7323-0441-7 (Paperback)
ISBN 978-3-7323-0442-4 (Hardcover)
ISBN 978-3-7323-0443-1 (e-Book)

Bibliografische Information der Deutschen Nationalbibliothek: Die Deutsche Nationalbibliothek verzeichnet diese Publikation in der Deutschen Nationalbibliografie; detaillierte bibliografische Daten sind im Internet über http://dnb.d-nb.de abrufbar.

Das schlimmste aller Bücher

Halt!

Ich warne dich!

Lies auf keinen Fall weiter!

Ich bin der Tod in Form eines Buches.

Wenn du die nächste Seite aufschlägst,

ist es zu spät.

Dann beginnst du unweigerlich zu sterben.

Hallo! Da bist du ja endlich. Darf ich mich vorstellen: Ich bin der Tod. Du hast deinen ersten Schritt zu mir getan. Nun gibt es kein Zurück mehr. Du bist verloren. Soeben hast du angefangen zu sterben. Und du bist selber schuld. Dein Countdown läuft. Achte auf die Seitenzahlen. Jede von ihnen ist eine Stufe hinunter zur Null, der Auflösung im Nichts.

Während du liest, schaust du mir direkt in die Augen und ich in deine. Du siehst mich noch nicht, aber ich betrachte dein Gesicht, deine Brauen, Wimpern und Lider. Ich mustere deine Pupillen, und durch sie spähe ich tief in dich hinein. Was ich sehe, gefällt mir, denn es ist mein.

Du brauchst dir keine Sorgen um deine geheimen Gefühle und Gedanken zu machen. Ich sehe sie alle und behalte sie wortwörtlich für mich. Genau wie den Rest von dir. Du gehörst nun ganz mir. Nach und nach werde ich dich in den Abgrund ziehen und verzehren.

Selbstverständlich glaubst du mir nicht. Als aufgeklärter, vernünftiger Mensch meinst du, so etwas sei unmöglich; schwarze Magie, vergiftete Buchseiten, eine spezielle Strahlung, wer glaubt denn solchen Unsinn?

Und doch ... deine Neugier bleibt. Es könnte ja etwas Wahres daran sein, vielleicht etwas besonders Subtiles oder etwas bisher völlig Unbekanntes, nicht wahr. Und das ist es auch. Natürlich verrate ich dir mein Geheimnis nicht. Nur eins ist gewiss: Es wirkt immer und bei allen! Schließlich bin ich der Tod selbst, der in diesen Seiten, in diesen Buchstaben sitzt und sich über sie durch deine Augen in dich hinein begeben hat.

Ich kann dir beweisen, dass ich schon in dir bin, in dir wirke, an dir zehre.

Du hast nämlich schon einen heimlichen, kaum merklichen Blick in dich, in deinen Körper geworfen. Vielleicht hast du es selbst kaum bemerkt, denn er war wirklich ungemein kurz. Du bist gleich zurückgeschreckt vor diesem leisen, kalten Schaudern. Ja, das ist es! Das erste Anzeichen, dass ich in dir bin, dich habe.

Gerade läuft es dir wieder den Rücken hinunter. Mein Weg geht durch die Augen ins Gehirn und von da der Wirbelsäule entlang nach unten.

Traust du dich, noch einmal nachzuspüren? Tue es doch! Du meinst ja sowieso, das Ganze sei nichts als Unfug, höchstens eine weitere raffinierte Horrorgeschichte. Was kann da schon geschehen? Also bitte, dann mache es jetzt! Wo fühlst du den Schauder? Na? Ist da nicht ein leichtes Frösteln, ein wenig Gänsehaut an den Beinen. Genau so beginne ich zu wirken, in deinem Fleisch, unter deiner Haut, an der Wurzel deiner Zehennägel.

Na so was! Eben hast du den Impuls gefühlt, deine Füße etwas hochzuziehen und deine Zehen zu krümmen. Ein bisschen viel für jemanden, der nicht daran glauben will. Meinst du nicht?

Und da sind auch noch andere neue, noch nie dagewesene Eindrücke und Empfindungen, die du plötzlich wahrnimmst. Ein leises Zittern, ein feines Ziehen, der Hauch von Angst. Woher kommen die denn? Irgend jemand oder etwas muss sie dir ja verschafft haben, denn von nichts kommt nichts. Und wenn nicht ich es war, wer denn sonst?

Bestimmt hast du dich schon gefragt, wie es jetzt weiter gehen wird. Ihr Menschen seid ja so neugierig! Die Neugierde hat dich ins Verderben gezogen und du wirst immer wieder ihr Opfer werden. Noch wehrst du dich mit allen kümmerlichen Kräften deines Verstandes gegen den Untergang und schon schielst du zum nächsten Schritt in deine Zerstörung.

Wenn du willst, kannst du das Buch weglegen. Der Sterbeprozess nimmt dann seinen Gang, während du versuchst, ein normales Leben zu führen. Mir ist es egal, ob du weiterliest oder nicht. Es macht mir nämlich so oder so keine Mühe, dich langsam zu konsumieren. Wenn du mein Buch liest, wirst du das Ganze bewusster erleben. Du wirst wissen, wo wir beide stehen, was mit dir passiert. Sonst wirst du noch verrückt vor Ungewissheit. Vielleicht ist es das erste und einzige, was du wirklich bewusst wahrnehmen wirst in deinem Leben: Dein Sterben, mich, den Tod.

Wenn du dich fürs Weiterlesen entscheidest, gebe ich dir einen guten Rat: Halte das Buch immer fest in deinen Händen. Gewisse Worte funktionieren nämlich als Auslöser für besondere Überraschungen. Aus ihnen schieße ich plötzlich blitzschnell als abgrundtiefe kalte Schwärze auf dich zu, umhülle und fülle dich, durchfahre dich einen Sekundenbruchteil lang mit einer so intensiven, ureigenen Angst, dass du aufschreien wirst und das Buch eventuell fallen lassen könntest. Es sind dies hauptsächlich die Worte, die drei ‚z' enthalten, aber auch sonst noch einige.

Bei anderen, vor allem auf ‚p' endenden, ergreife ich jäh deine Hände. Dabei fühlst du einen unglaublich durchdringenden Schmerz und siehst deine verkrampften, zusammengezogenen Muskeln als schwarze Reste auf vermoderten grauschwarzen Knochen. Auch dieser Spuk dauert jeweils nur einen Wimpernschlag lang.

Was machst du nun? Legst du das Buch weg und riskierst, im Ungewissen zu bleiben, was mit dir passieren wird, oder liest du weiter – trotz aller unliebsamen Überraschungen?

Siehst du! Ich hätte gewettet, dass du das Buch nicht auf die Seite legen kannst. Weil du wissen willst, wie es mit dir, mit uns weitergeht. Ich will darum mal fair sein und es dir erklären.

Der Sterbeprozess läuft über sechs Etappen ab:

1. *Kontaktaufnahme*

In unserem Fall hat sie so lange gedauert, wie du zum Wenden der Buchseite gebraucht hast. Bei anderen kann sie Wochen in Anspruch nehmen.

2. *Ausblendung*

Du willst noch nichts vom Sterben wissen, leugnest mich, den Tod, gibst dich Selbsttäuschungen hin wie „Die Medizin kann mir schon helfen“ oder „Mich kriegt nichts unter“. In dieser Etappe befindest du dich zurzeit. Sie weicht der nächsten, sobald du unwiderruflich mit den Tatsachen konfrontiert wirst.

3. *Zorn*

In dieser Phase steigt Wut in dir auf. Wut, weil es ausgerechnet dich getroffen hat, Wut auf die Ärzte, die dich nicht retten können, Wut auf Angehörige, die dich nicht verstehen. Du solltest deinen Zorn aber einzig und allein gegen dich richten, denn du hast die fatale Seite umgeschlagen. Vorwürfe wie „Ich Dummkopf!“ sind hier angebrachter als Zorn auf andere.

Insbesondere solltest du es unterlassen, meinen Angestellten, der das Buch nach meinen Anweisungen verfasst hat, oder die Lektorin in irgendeiner Weise anzugreifen, denn sie stehen unter meinem persönlichen Schutz und jede Aggression gegen sie fällt auf Schutz und jede Aggression gegen sie fällt auf dich zurück.

4. *Verhandlung*

Diese Etappe stellt einen Übergang zwischen der Ausblendung und dem endgültigen Todeskampf dar. Du glaubst es immer noch nicht ganz, bist auch noch zornig und hoffst gleichzeitig auf Rettung. Du läufst zu allerlei Ärzten, flehst Gott und andere Kräfte an, gibst große Versprechen ab, wärst bereit, alles zu tun, um gerettet zu werden oder um wenigstens einen Aufschub zu gewinnen.

5. *Der eigentliche Todeskampf*

Das ist für mich der schönste Abschnitt, ein richtiges Duell zwischen uns beiden. Unter Schmerzen und Ängsten bekämpfst du mich mit voller Kraft und plagst dich zusätzlich mit Diäten, Arztbesuchen und Operationen. Du setzt all deine Hoffnung in Heilkräuter, Tees und Tinkturen, in psychologische Tröstungsmanöver und Gebete, während ich mich dabei köstlich amüsiere. Es ist die Erhabenheit dieses Kampfes, welche mich zur Schaffung des Buches verleitet hat, denn mit seiner Hilfe kann ich den Prozess besser steuern.

6. *Hingabe*

Die Sinnlosigkeit deines Kämpfens wird dir bewusst und du gibst auf. Manche finden in dieser Phase, wenn sie mit ihrem Leben abgeschlossen und mich akzeptiert haben, einen tiefen Frieden. Andere siechen kraftlos dahin, deprimiert, unfähig, sich zu wehren. Sie kommen sich vor wie ein in Spinnenfäden eingewickeltes Insekt, an dessen versiegender Lebensenergie ich gemächlich nippe. Ihnen bleibt nur noch der Schmerz und der letzte Wunsch: Dass es so bald wie möglich zu Ende geht. Es liegt an dir, wie du deine verbleibende Lebenszeit erlebst.

Du kannst jeden Tag Inventar über deinen Untergang führen und selbst versuchen, deinen Zustand in die jeweils richtige Etappe einzustufen.

Nun bin ich schon ein wenig weiter, habe mich gut bei dir eingenistet. Es ist mir wohl da drinnen. Wo denn gerade? Schau und horch mal! Wo fühlst du mich? Ja, genau da, wo es so kribbelt und pocht. Einige deiner Zellen haben sich schon verdunkelt, haben das Lebenslicht verloren.

Am Anfang, wenn ein Leib noch warm ist und völlig gesund, fällt mir das Einnisten schwer und ich versuche, so schnell wie möglich einen Bereich mit meiner nassen Dunkelheit abzukühlen. Daher zum Beispiel das Gefühl, bei Fieber zu frieren.

Bei Fieberanfällen bin ich immer bei euch und lauere auf eine Gelegenheit, euch eventuell mitzunehmen.

Vom ersten abgekühlten Ort aus kann ich mich nach Belieben ausdehnen. Meistens ist dieser Vorgang für mich so befriedigend, dass ich es schade finde, wenn er zu Ende geht und die Person endgültig stirbt. Deshalb zögere ich den fatalen Moment möglichst lange hinaus. Natürlich wird es dadurch qualvoller für euch Menschen. Aber das ist nicht mein Problem.

Ihr Menschen behauptet ja oft, ihr hättet keine Angst vor dem Tod, nur vor dem Sterben. Dabei gehört eins zum andern. Ich, nur ich verfüge, wie du den Tod erlebst und wie lange und schwer du kämpfen musst. Zum Teil hängt dies auch von deinem Verhalten ab, aber schlussendlich bestimme ich. Was du tun musst, um möglichst leicht zu sterben? Das verrate ich dir später.

Spür noch einmal, ob sich in dieser kurzen Zeit etwas in deinem Leib verändert hat. Ja, genau. Du empfindest neue Gefühle in bisher völlig gesund gewähnten Bereichen.

Gerade schaue ich mir dein Becken an. Hier sind ein paar leicht verspannte Muskeln. Ich ziehe mal sachte daran. Fühlst du es? Weh tut es nicht, oder? Überhaupt sind noch keine Schmerzen da. Stimmt's? Auch noch keine richtige Angst. Schmerzen wirst du noch ausreichend haben. Und auch Angst wirst du genug verspüren, wenn ich dich im alltäglichen Leben plötzlich mit einer unerwarteten Empfindung – einem fürchterliches Hämmern im Kopf etwa, einem giftigen Stich ins Herz, oder einem Ohnmachtsanfall – daran erinnere, dass ich da bin, dass dein Ende naht. Dann wird dich die Panik überfallen und du wirst nicht mehr wissen, wie du der Verzweiflung entrinnen könntest. Du kauerst zitternd zusammen und willst dich verkriechen. Aber wohin? Ich bin ja *in* dir.

Und auch hinter dir bin ich und neben und vor dir, denn als Tod steht es mir frei, überall gleichzeitig zu sein. Wir unterhalten uns hier freundschaftlich und unterdessen verspeise ich Milliarden Wesen in der ganzen Welt. Wieso sollte es mir also verwehrt bleiben, während meiner Nagerei an dir, irgendwo in deinem Haus zu verweilen?

Von jetzt an musst du ständig aufpassen. Ich könnte nämlich aus dem Abfluss hervorschnellen, wenn du Wasser vom Hahn trinkst, oder deine Hand packen, wenn sie in die Waschmaschine langt, und dich hinunterreißen in den schwarzen Abgrund.

Steh mal auf und lass uns durch deine Wohnung gehen! Eine aufgeklärte Mentalität wie deine verlangt doch, dass man der Wahrheit objektiv auf den Grund geht und nur den Sinneseindrücken glaubt.

Komm, schau nach, vor allem in den dunklen Ecken! Warum zuckst du zurück? Das war doch nur ein schwarzer Schatten.

Oder etwa nicht? Denk kurz nach. Du hast das Gefühl, nicht allein zu sein, die Empfindung, etwas Unheimliches lauere hinter der Tür, der Eindruck, dass vor dir schon jemand in deinem Bett lag. So war es auch. Du willst mir nicht glauben? Das musst du auch nicht, denn je sorgloser du bist, umso besser kann ich dich überrumpeln. Lass dich von mir überraschen.

Zurück zu deinem Leib. Fühlst du die Kühle in den Schienbeinen, in den Knien, im Mark der Schenkelknochen? Du weißt doch, dass im Knochenmark Blutzellen entstehen. Von jetzt an wird das etwas schlechter funktionieren.

Ich bleibe aber nicht hier; krieche lieber hoch zu deiner Kopfhaut. Na, kräuselt sich da etwas? Genau, du fühlst mich. Tu mir den Gefallen und schluck mal. Ja, diese leichte Enge ... ist nicht schlimm, oder? Kommt schon noch. Wenn du überhaupt nicht mehr schlucken und kaum mehr atmen kannst, wirst du, nicht das erste und ganz sicher nicht das letzte Mal, bereuen, meine Warnung, das Buch nicht zu lesen, ignoriert zu haben.

Aus gutem Grund wird dieses nämlich als das schlimmste aller Bücher bezeichnet. Bisher war die Menschheit im Besitz von nur fünf wirklich schrecklichen Büchern, Werke, welche die Leute in den Wahn treiben, sie zu Krieg, Hass, Folter und millionenfachem Mord verführen und fast der ganzen Menschheit eine miserable Existenz bescheren.

Alle fünf verursachen kollektive Hass- und Mordhysterien. Diese verlaufen außerhalb meiner Kontrolle, einzig von Menschen erschaffen.

Im Unterschied dazu betrifft das Werk, welches du in deinen Händen hältst, immer nur einen einzelnen Menschen, in unserem Fall also dich alleine. Das Schöne daran finde ich die Einfachheit, mit der es direkt wirkt. Ohne euch mit Lügen und Ideologien blenden und gegeneinander aufhetzen zu müssen, ohne Krankheiten und Unfälle habe ich unmittelbaren Zugang zu jedem Einzelnen von euch und kann euren Todeskampf nach Belieben lenken.

Nichtsdestoweniger besorgt mein Buch seine Aufgabe verheerender als die anderen fünf, denn es spricht jeden, wirklich jeden Menschen an, unabhängig von Ort und Zeit, von Glaube und Idealen. Und es verbreitet sich in Windeseile. Auch du wirst dabei behilflich sein.

Logischerweise fragst du dich, warum ich die möglichen Leser am Anfang des Buches durch eine Warnung abweisen will. Nun, du musst wissen, dass es mir beliebt zu spielen. Hast du den Spruch schon einmal gehört, dass es nur eine Art gibt, auf die Welt zu kommen, aber tausend Arten zu sterben? Das habt ihr meiner Kreativität zu verdanken. Immer neue Todesursachen zu erfinden, begeistert mich, und dieses Buch ist eine der raffiniertesten, die ich je ersonnen habe. Aber ich muss eingestehen, dass auch das Erfinden von neuen Sterbevarianten mit der Zeit langweilig wird. Der Erfolg ist garantiert und das Resultat todsicher immer eine Leiche.

Wie beneide ich doch euch Menschen! Eure

unbegrenzten kreativen Möglichkeiten! Jeder von euch wird in eine nie dagewesene Situation hineingeboren und nur schon dadurch zur höchsten Kreativität gefordert, damit er – wenn auch mithilfe seiner Artgenossen – überhaupt überleben kann. Zudem dürft ihr entscheiden, ob ihr eure schöpferischen Fähigkeiten in meinen Dienst stellen oder lieber das Leben fördern wollt. Mir dienen viele, unter anderem als Soldaten, Mörder, Waffenhersteller, Politiker, Totengräber usw. Da ahmen mich manche hervorragend nach. Besonders Politiker und Religionsführer bescheren mir immer wieder herrliche Bankette in Form von Kriegen, Hungersnöten, Attentaten und Massenhinrichtungen, wobei sie es meisterhaft verstehen, die Angst ihrer Schlachtopfer gehörig zu schüren.

Doch die zweite Wahl, bei der ihr das Leben fördert, indem ihr das Wohl der Lebewesen unterstützt, scheint mir ungemein interessanter. Sie stellt einen wunderschönen Kampf gegen einen formidablen Gegner wie mich dar und umfasst eine riesige Anzahl von Gebieten.

In jedem Lebensbereich, von der Nahrungsbeschaffung über die Gestaltung der Gesellschaftsformen, von Sport und Spielen über die Erziehung bis hin zur Medizin, der Technologie und der wissenschaftlichen Forschung dürft ihr schöpferisch wirken und damit das Leben bereichern, verschönern, unterstützen und fördern. Nicht genug damit, habt ihr noch die Möglichkeit der Kreation aus purer Lust, nämlich die Kunst.

Was bedeutet da schon der Preis der Sterblichkeit? Wie gern würde ich meine Ewigkeit opfern, um nur einmal diese Gabe von euch Menschen zu besitzen.

Zurück zur Frage, warum ich euch Leser zu Beginn warne. Um ehrlich zu sein, muss ich gestehen, dass die Idee nicht von mir kommt. Als körperloses Wesen benötigte ich einen Menschen, der mir die Form und die Beschaffenheit eines Buches gab, mir half, mich in Tinte, Worte, Sätze und Begriffe zu verwandeln. Und dieser machte den Vorschlag, euch zu warnen. Wir wetten beide darauf, dass kein Mensch das Buch weglegen wird, bevor es für ihn zu spät ist. Bis jetzt hat sich unsere Prognose ausnahmslos erfüllt.

Die Suche nach einem Autor dauerte lange, denn viele, welche ich tödlich inspirieren wollte, entpuppten sich als Feiglinge. Sie fürchteten sich, am Projekt teilzunehmen und ich musste sie vernichten, damit sie mein Geheimnis nicht verraten konnten.

Zum Glück habe ich dann ihn gefunden. Er hat die Aufgabe ohne eine Sekunde zu zögern angenommen und erfüllt sie wirklich meisterhaft und völlig furchtlos. Ja, er behandelt mich sogar wie einen Freund und hat, kaum war ich in seinem Kopf, angefangen, aktiv mitzuwirken. Zwar hat er mich mit seiner Kritik an meinem Schreibstil gekränkt. Trotzdem bin ich ihm für seine bedingungslose Mitarbeit und seine guten Verbesserungsvorschläge überaus dankbar und entgelte ihn nicht nur mit meinem Autorenhonorar, sondern verschone ihn auch vor mir. Er darf so lange leben, wie ihm beliebt, und wenn er genug davon hat, steht ihm die freie Wahl der Todesart zu. Diese Abmachung unterliegt nur einer Bedingung: Er darf mein Geheimnis auf keinen Fall verraten, sonst wird er qualvoll sterben.

Auch der dritten im Bund, der Lektorin Simone Burgherr, möchte ich für ihre hervorragende Arbeit danken und sie ebenfalls mit einem langen Leben belohnen.

Nun hast du mich ja schon auf verschiedene Weise in deinem Körper gefühlt. Würde es dich da nicht interessieren, wie ich aussehe in dir? Komm, ich mache dir ein Geschenk: Ich werde mich für dich sichtbar machen, dir helfen, mich in dir zu sehen. Es wird, das verspreche ich dir, ein besonders eindrückliches Erlebnis sein.

Du brauchst dafür einen Spiegel. Aber keinen kleinen Handspiegel, sondern einen möglichst großen Wandspiegel. Stellen oder setzen wir uns davor und du beugst dich nach vorn, mit dem Gesicht ziemlich nah dran. Dann schaust du dir lange und tief in die Augen. Lass dich nicht ablenken. Atme tief ein und aus. Schau ruhig und konzentriert.

Ha! Da habe ich dir aber einen gehörigen Schreck eingejagt. Euch Menschen ekelt es zu Recht vor meinem grauschwarzen, nasskalten Wesen. Aber so bin ich und ich mag mich so. Trotzdem war es doch eine imponierende Erfahrung, oder.

Vielleicht wirst du noch lernen, mich zu mögen, denn jedes Mal, wenn du in einen Spiegel schaust, könnte ich mich dir zeigen. Da wäre es doch besser, wir würden uns anfreunden. Und sieh es auch mal so: Nicht jeder kann sich eines so interessanten Freundes rühmen.

Wenn du mich ein paar Mal im Spiegel erblickt hast, wirst du beginnen, mich in anderen Todgeweihten wahrzunehmen. Wir gehen durch die Straßen hinter jemandem her und du siehst deutlich, wie ich seine Energie verzehre, wie seine verdunkelten Zellen Leben verlieren. Oder du schaust jemandem in die Augen und erkennst mich auf einen Blick wieder als denjenigen, dem du in deinen eigenen Augen begegnet bist. Oft kannst du dann sogar ziemlich genau vorhersagen, wie lange mein Opfer noch leben wird. Andere könnten das bei dir natürlich auch, nur seid ihr Menschen zu feige, jemandem ins Gesicht zu sagen, dass er bald sterben wird. Ja, euer verklemmtes Drumherum-Gerede um mich – manchmal muss ich darüber lachen, manchmal kommen mir die Tränen.

Als weitere Folge unserer Begegnungen im Spiegel wirst du hin und wieder träumen, dass jemand von deinen Bekannten gestorben ist. Du wirst überprüfen können, dass der Augenblick des Ablebens genau mit der Zeit deines Traums übereinstimmte.

Wenn wir schon vom Träumen und Schlafen reden, was meinst du, wie du heute Nacht schlafen wirst? Ich wette, dass dich dein Körper ein paar Mal aufschrecken wird, zumal er bereits fühlt, dass etwas nicht mehr stimmt, auch wenn dein Bewusstsein im Schlaf ausgeschaltet ist.

Es ist sowieso meist der Körper, der dich daran erinnert, dass du dich auf dein Ende einstellen sollst. Der Verstand versucht zu verdrängen und zu vergessen, sich abzulenken und zu zerstreuen. Er ist ein Meister der Selbsttäuschung.

Zum Glück ist da der Schmerz, der mich immer wieder in eure Erinnerung ruft, der mir hilft, euch Angst einzuflößen. Ohne Angst hätte ich nämlich nichts von euch. Sie ist meine wahre Nahrung und Quell meiner Freude. Deshalb seid ihr Menschen auch die einzigen interessanten Lebewesen für mich. Tiere fürchten mich zu wenig; gewöhnlich erst im letzten Augenblick und nur wenn sie gejagt werden. Das ist mir eine zu magere Kost.

Noch schlimmer ist es mit den Pflanzen. Sie akzeptieren das Ende einfach so in ihrer dumpfen, gefühlslosen Apathie. Sie auslöschen zu müssen, ist für mich nur eine lästige Pflicht.

Deshalb bin ich der Natur dankbar, dass sie euch mit Gedächtnis und Vorstellungskraft ausgestattet hat, welche die Todesangst anfachen, sogar wenn keine Gefahr droht.

Sie ist überhaupt ein interessantes Phänomen, die Angst. Da steckt sie, wie bei anderen auch, in dir und manipuliert deinen Körper und Geist. Sie kann deinen Verstand völlig blockieren, die Intelligenz taugt plötzlich nichts mehr und deine Aufmerksamkeit kommt nicht mehr los von den manchmal lächerlichsten Angstauslösern wie zum Beispiel einer kleinen Spinne, einem offenen Raum, einem Aufzug, geschweige denn von mir.

Du kennst das vermutlich: Dein Körper spielt verrückt, du beginnst zu schwitzen (wozu eigentlich?), deine Muskeln zittern, dein Magen zieht sich zusammen, vielleicht machst du dir sogar in die Hosen.

Dann kommt die Angst vor der Angst. Du willst sie loswerden, diese unangenehme Begleiterin. Du fürchtest sie, wehrst dich dagegen und schon hast du zwei Ängste in einem Teufelskreis, der dir das Leben vermiest, dein Denken und Tun lenkt und dich zum Sklaven degradiert.

Ja, da ist der Evolution ein schöner Fehler unterlaufen, als sie es nicht geschafft hat, die Angst durch Intelligenz zu ersetzen. Dabei ist es für jeden Menschen möglich, all seine Phobien und Ängste in weniger als einer halben Stunde loszuwerden. Selbstverständlich verrate ich dir diese Technik nicht. Nur mein Sekretär kennt sie und darf sie weitergeben.

Wie fühlst du dich? Müde und abgespannt, nicht wahr, und dein Körper schmerzt dauernd woanders. Du spürst, dass mit dir etwas nicht in Ordnung ist, ganz und gar nicht, aber du weißt nicht, was es ist. Auch ein gründlicher Check beim Arzt kann dir zwar bestätigen, dass etwas in dir nicht mehr stimmt, dass es sogar etwas sehr Ernstes ist, doch eine genaue Diagnose kann niemand erstellen. Kein schönes Gefühl, diese Angst vor der Ungewissheit, oder? Und das ist erst der Anfang.

Du tätest vielleicht gut daran, dich zu fragen, was du alles gerne tun und erledigen möchtest, solange du kannst, das heißt, solange du lebst und noch kein Pflegefall bist. Schreib eine nicht allzu lange Liste und versuche, alles möglichst stressfrei auszuführen. Vielleicht ist dies das erste Mal, dass du etwas wirklich intensiv und bewusst tust. Du wirst dich wundern, in welchem Maß meine Gegenwart deinen Taten und deinem Bewusstsein eine ganz neue, viel tiefere Dimension gibt.

Wer weiß, vielleicht beginnst du sogar endlich richtig zu leben, wenn auch nur für kurze Zeit.

Inzwischen niste ich mich immer tiefer bei dir ein und mache es mir gemütlich. Allerdings habe ich nur zu deinem Körper unmittelbaren Zugang, nicht zu deinem Geiste. Deine Gedanken kann ich nicht lenken, dein Geist bleibt frei. Das heißt, selbstverständlich könnte ich deine Gehirnzellen angreifen und so deinen Geist ausschalten. Doch wenn ich deinen Verstand kontrollieren würde, wärst du verrückt und ich hätte nicht viel von dir. Du würdest verwirrt dahinsiechen und könntest dich nicht mehr wehren. Dabei ist es doch der Kampf zwischen uns beiden, den ich liebe. Um unser schönes Spiel nicht zu verderben, verschone ich dein Gehirn, zusammen mit den anderen wichtigsten Nerven. Deine Gedanken manipuliere ich bloß indirekt, mit diesem Buch.

Natürlich spiele ich auch mit deinen Nerven, aber nur durch Zufügen von Angst und Schmerz. Diese beiden rütteln genug an dir, um dich fast wahnsinnig zu machen. Wie oft hast du beim Lesen schon gezittert? Erinnerst du dich noch an einige unwillkürliche Bewegungen, an die Gefühle, die bei manchen meiner Sätze entstanden sind, an das Unbehagen im Magen und in den Gliedern? Ja, meine Worte sind ein mächtiges Werkzeug.

Einmal musste ich eine weise Frau zu mir holen, die ich wirklich bewunderte. Sie meinte, das wichtigste für die Menschen sei das Glück, und hatte sich zur Lebensaufgabe gemacht, die Menschen zu lehren, glücklicher zu leben. Sie hatte zwei ziemlich zuverlässige Glücksbarometer erfunden, einen zum Messen des kollektiven Glücks und den anderen für das des Einzelnen, und zog damit von Stadt zu Stadt, von Dorf zu Dorf. An einem Ort angelangt, setzte sie sich auf eine Bank und beobachtete die Passanten.

Dabei schaute sie, wer lächelte oder lachte und wer ernst und traurig ausschaute und zählte die Leute. Waren mehr als die Hälfte glücklich, zog sie weiter (dies war, gerade hierzulande, selten der Fall), sonst blieb sie und begann, diesen Leuten das Glücklich-Sein zu lehren.

Das tat sie immer mit Einzelnen. Sie stellte nur die Frage: „Wie fühlst du dich, wenn du den Wind säuseln, rauschen oder heulen hörst.“ Der Antwort entnahm sie, wie es dem Menschen ging und wie sie ihm helfen konnte.

Interessant zu erwähnen ist, dass in den reichen Ländern oft nicht einmal zehn Prozent der Menschen fröhlich, geschweige denn glücklich sind, im eher ärmeren Bali jedoch über achtzig Prozent.

Jetzt frage ich dich nach deinen Gefühlen, wenn du den Wind hörst. Liebst du seine Geräusche oder fürchtest du sie? Glückliche Menschen mögen den Wind, die Ängstlichen und Unglücklichen dagegen empfinden Furcht und Unbehagen. Sei ehrlich: Wie ist es mit dir?

Und wie ist es, wenn du weißt, dass ich von jetzt an im Wind reiten werde. Wie fühlst du dich dann? Gehen wir mal raus und achte dann auf deine Gefühle. Ich komme mit dem Wind auf dich zu, wehe durch deine Haare und Kleider, ziehe von dir weg, hole Anlauf und kehre zurück.

Wenn es etwas stärker rauscht als sonst, so, weil ich dir mit dem Wind in die Ohren raune, und wenn es dich etwas mehr fröstelt als sonst, so ist es mein kalter Hauch, der an deiner Lebensflamme bläst, bis sie endgültig erlöschen wird.

Unser nächstes Problem sind deine Freunde. Ich hinterlasse sehr schnell sichtbare Spuren. Vielleicht sind dir im Spiegel schon einige aufgefallen. Auch in deinem Gemüt mache ich mich bemerkbar: Du bist stiller, nachdenklicher und oft sogar düster gelaunt. Was sagst du deinem besten Freund, wenn er fragt, was mit dir los ist? Er kennt dich zu gut, als dass du ihn anlügen könntest, ohne dass er es bemerkt. Die Wahrheit kannst du ihm aber auch nicht sagen. Wie würde er reagieren, wenn du erklärst, dass ein Buch dich tötet? Ja genau, er würde dich für verrückt halten und kein Wort glauben. Doch das Buch willst du ihm auf keinen Fall zeigen, nicht wahr? Er ist ja schließlich dein Freund und du möchtest nicht, dass ihm das Gleiche passiert wie dir.

Was, wenn er dir hoch und heilig verspricht, das Buch nicht zu lesen, wenn du ihm die erste Seite zeigst? Gehst du dieses Risiko ein? Ich wette, dass er sein Versprechen nicht einhalten kann, denn er will dir doch beweisen, dass das nur ein Hirngespinst ist. Ich freue mich schon auf ihn.

Es wird sowieso bald Zeit, dich von deinen Freunden zu verabschieden. Hast du dir schon überlegt, wie du das tun möchtest? Mit einer rauschenden Party oder willst du dich lieber heimlich aus ihrem Leben davonschleichen? Vielleicht geht es dir wie den meisten; je kleiner ihr Leben umso grösser und pompöser ihre Abschiedsfeier.

Wie wird wohl deine Beerdigung verlaufen? Wer denkst du, wird von deinen Freunden, Kollegen, Angehörigen und Bekannten anwesend sein. Wer wird deinen Verlust beweinen, wer sich insgeheim freuen? Zwei werden bestimmt nicht dabei sein, nämlich du und ich. Dich wird es nicht mehr geben und ich interessiere mich nicht mehr für deine Leiche.

Vielleicht denkst du dir noch eine originelle Grabsteininschrift aus. Sollen die Friedhofgänger glauben, da liege ein Idealist, ein Romantiker, ein Held, ein liebender, fürsorglicher Mensch oder lieber jemand mit Sinn für Humor?

Was meinst du, sollen deine Überreste kremiert werden oder besser im Grab verfaulen? Mir ist das Krematorium lieber, so habe ich nichts mehr mit dem Gewürm zu tun, das dich aufgefressen hat, und der Leichengeruch im heißen Rauch des Krematoriums ist mir ein angenehmer Nachgeschmack gut verrichteter Arbeit.

Hast du schon einige der Dinge, die du noch tun möchtest, erledigt? Gut so! Dann erzähle ich dir jetzt, wie es mit deinem Sterbeprozess weitergeht, während du dich an diesen letzten Tätigkeiten halbwegs erfreust.

Damit du verstehst, was ich meine, musst du dich noch einmal beobachten. Wie ist dein jetziger Zustand? Ich kenne ihn genau, aber du noch nicht. Frage dich also, was sich verändert hat, seit du angefangen hast, das Buch zu lesen? Mittels dieses Unterschieds kannst du ausrechnen, wie lange es annähernd dauern könnte, bis deine Lebenskraft erschöpft sein wird.

Von nun an wirst du auch im täglichen Leben immer wieder mit mir konfrontiert. Ich lasse dich nicht los. In jedem schönen Moment wie einem guten Konzert, einem Ausflug oder einem Einkaufsbummel wird dir der Gedanke durch den Kopf jagen, es könnte das letzte Mal sein. Vor dem Essen fragst du dich plötzlich, wie viele Mahlzeiten du noch genießen darfst. Wenn du mit deinen Lieben zusammen bist, wirst du unvermittelt traurig, weil du nicht weißt, wie oft du noch mit ihnen sprechen kannst. Bei allem, was du tust, spürst du eine gewisse Distanz, wie wenn du in deinem Leben schon nicht mehr anwesend wärst. Auch von deinen Nächsten fühlst du dich nicht verstanden und kannst sie nicht verstehen. Zwischen dir und ihnen tut sich eine wachsende Kluft auf, ein kühler, feuchter, dunkler Abgrund und du fällst und fällst genau in diesen Abgrund...

Hast du schon bemerkt, dass ich dir von überallher und auf unterschiedlichste Weise zuwinke? Am Kiosk finden sich immer häufiger Aushänge von Zeitschriften und Zeitungen über tödliche Unfälle oder Todesfälle von Prominenten, im Radio und Fernsehen laufen plötzlich mehr Sendungen zum Thema „Sterben“, du siehst auf einmal öfters Bestattungswagen auf den Straßen. Immer wieder wird dir meine Präsenz unvermittelt bewusst. Bald kannst du keine halbe Stunde mehr verbringen, ohne dass dir mein Name oder das Wort „sterben“ begegnen.

Auch die Menschen um dich herum sprechen nun häufiger, scheinbar ganz spontan, über tödliche Krankheiten, Unglücke oder Verluste ihrer Angehörigen. Weißt du warum? Weil das Thema durch dich und meine Anwesenheit in dir in der Luft liegt. Sie nehmen es bloß unwillkürlich auf.

Schau auch mal morgens früh im Bus, in der Bahn, in den Cafés, da verweilen viel mehr Zeitungsleser als sonst bei den Todesanzeigen. Wenn du das bei deinen Angehörigen und Freunden feststellst, ist es, weil sie unbewusst schon dich darin suchen.

Hör einmal in dich hinein. In deine Seele. Spürst du sie, die untergründige Wut, die in dir und an dir nagt? Doch auf wen willst du zornig sein? Du findest es ungerecht, dass ich ausgerechnet dich hole? Aber habe ich dich nicht gewarnt und du, nur du, hast meine Warnung in den Wind geschlagen? Deine Wut spielt mir nur in die Karten. Zum einen raubst du dir damit unnötig Energie, zum anderen bereitet es mir ein teuflisches Vergnügen, dich so aufgebracht zu sehen. Denn hinter Zorn steckt auch immer ohnmächtige Verzweiflung.

Du willst vielleicht noch immer nicht glauben, dass du mir, dem Tod, geweiht bist. Aber ganz leugnen kannst du es auch nicht mehr, nicht wahr? Warum horchst du denn immer wieder in deinen Körper? Ganz unwillkürlich. Du willst es gar nicht, es passiert einfach mit dir. Dann bekommst du einen Moment keine Luft oder es wird dir schwindlig oder schlecht. Die Angst packt dich und du beobachtest dich intensiv. Damit aber beschleunigst du deinen Zerfall, denn ich ziehe meine Kraft aus der Energie, die du für deine Beobachtung und deine Angst brauchst.

Am schlimmsten aber ist es, wenn du dich weigerst hinzusehen. Je mehr du dich sträubst, mich zu akzeptieren, umso schmerzhafter dein Ende. Ich mag Menschen nicht, die mich noch leugnen, wenn ich längst in ihnen bin.

Untersuchen wir jetzt unsere Beziehung, ich meine deine Beziehung zu mir als Buch. Das physische Objekt, wie fühlt es sich an? Bemerkst du den Unterschied zu anderen Büchern. Bei ihnen ist da meist etwas Angenehmes, eine Art warmes Vertrauen. Der Geruch nach Papier und Tinte, sogar das Display der E-Books bringen Aromen von fernen Ländern, von Abenteuern, Geschichten und Liebe, von intensivem Leben mit sich. Jetzt schnuppere an mir. Was für Düfte gehen von mir aus? Ja, ich rieche unangenehm, fast schon nach Fäulnis.

Oder kommt der Mief etwa von deinen Händen? Sind in deinem Leib bereits Zellen gestorben und dünsten durch den Schweiß den ersten Verwesungsgeruch aus?

Da gibt es aber noch andere Aromen. Riech noch einmal! Das ganze Duftspektrum des Todes strömt dir entgegen: der Sarg, der Friedhof, die Buchshecke, das offene Grab, aus dem das Bukett des vorher Verwesten strömt, alles ist da. Sogar das entfernte Echo von weinenden und seufzenden Angehörigen und verlogenen Grabreden kannst du mithören.

Konzentrier dich darauf, wie ich mich in deinen Händen anfühle. Ja richtig, das ist auch anders als bei sonstigen Büchern. Was fließt da durch deine Finger und deine Handfläche in dich hinein? Ist es warm, angenehm, gesund oder eher das Gegenteil? Versuch, dir deine Empfindungen in den Fingern, Händen, Vorderarmen und Ellenbogen exakt zu beschreiben, ja genau, dieses kühle Kribbeln. Außerdem wartet noch die böse Überraschung einiger Worte auf dich.

Glaubst du immer noch, dass du nur ein gewöhnliches Buch liest? Ja? Mach es dir nur weiter vor, aber wenn du aufrichtig bist, musst du zugeben und akzeptieren, dass du das Buch zwar in deinen Händen hältst, in Wirklichkeit aber etwas ungemein Mächtiges *dich* gepackt hat.

Traust du dich noch, im Dunkeln zu schlafen? Oder kannst du überhaupt nicht mehr einschlafen? Wie wär's mit einem nächtlichen Spaziergang durch den Friedhof, nur so zur Einstimmung auf das, was dich erwartet, wenn du dich „zur Ruhe" legst?

Ich liebe die Dunkelheit. Mein Lieblingsort ist unter dem Bett. Da kann ich ruhig warten und, während du im Schosse meines kleinen Bruders ruhst, ab und zu hinaufgreifen, nach den Knöcheln, und mich dann vielleicht an deinen Beinen entlang hinaufwinden. Oder ich krieche am Kopfende herauf und küsse dir die Schläfe, greife unter dem Kissen hindurch, wickle mich um deinen Hals, enge ihn leicht ein, lasse dann für jeden Atemzug nach Belieben etwas los ... oder würge ein wenig, um einen Erstickungsalbtraum herbeizuführen.

Aber ich schleiche auch gern durchs Zimmer, ums Bett herum und unter dem Bett hindurch, durch die Matratze in deinen Bauch hinein; dann beobachte ich dich von der Decke aus, lausche deinem Atem, winde mich um deinen Leib, dessen Haut sich dabei sträubt, oder lege mich auf deinen Kopf, bis die Haare zu Berge stehen, ohne dass du dir dessen bewusst wirst.

Zwar bemerkst du nichts von meinem nächtlichen Spiel, aber deine Haut erinnert sich und verschafft dir tagsüber ein Gefühl zunehmender Unsicherheit. Sie wird dünner und empfindlicher, osmös für mich und alle anderen Gefahren. Das hast du bestimmt schon bemerkt beim Anziehen; deine Haut ist so dünn, dass die Kleider das Fleisch direkt zu berühren scheinen.

So offen, ungeschützt, ausgesetzt, verletzlich, dauert es nicht lange, bis du Gefangener einer wunderschönen Paranoia wirst. Jede finstere Ecke musst du meiden, denn da lauere ich vielleicht als Räuber, jedes Geräusch über dir könnte dir deinen letzten Streich zusetzen, als fallender Ziegel oder als abstürzende Drohne, in jedem kühlen Wind stecken Viren, kein Verkehrsmittel ist sicher und wer weiß, ob nicht ein Freund oder Kollege dieses Buch gelesen und mit mir eine fiese Falle für dich ausgeheckt hat, nur um sich selbst ein wenig Leid zu ersparen.

Nicht wahr, du kannst dich kaum mehr auf deine alltäglichen Aufgaben konzentrieren. Du magst nicht mehr und deine Gedanken schweifen irgendwohin, um am Ende stets bei mir zu landen. Zu diesem Zeitpunkt werden dich schon mehrere Bekannte gefragt haben, ob es dir nicht gut gehe. Die Antwort überlasse ich dir.

Habe ich vom Herumschweifen im Zimmer genug, verweile ich gern bei deinen Träumen. Für mich stellt dies allerdings ein zweischneidiges Schwert dar. Einerseits steigern Albträume deine Todesangst, andererseits sind sie für dich eine heilende Katharsis, die das Fortschreiten deines Untergangs leicht abbremst, aber keineswegs unterbindet.

Das nehme ich aber gerne in Kauf. Zu hören, wie du dich aus einem Albtraum wachschreist, und zu sehen, wie du dann, angesichts des nahenden Endes, keinen Trost findest und bebend in der Fötusposition im Bett kauerst, ist für mich ein erquickendes Erlebnis. Hörst du es, mein schallendes Gelächter neben dir? Ja, fleh nur deinen Gott um Heilung, Erlösung oder wenigstens einen Aufschub an. Gott ist grausam, er gibt niemandem eine Chance. Wie sagt ihr Menschen so schön: Gott hat ihn oder sie nach Hause geholt und den ewigen Frieden gewährt.

Was würdest du denn tun, damit ich dich verschone oder dir mindestens noch etwas Zeit zum Leben gebe? Alles, sagst du, würdest du dafür tun auf alles verzichten, alles aufgeben. Du würdest ein besserer Mensch werden und mich in dein Leben integrieren. Ein bisschen spät, nicht?

Aber ich bin nicht so rachsüchtig und hartherzig wie eure Götter. Um meine Großzügigkeit unter Beweis zu stellen, biete ich dir eine Chance, mir zu entkommen. Ich schlage dir ein Spiel vor. Dieses ist eine reelle Möglichkeit für dich zu leben. Warum ich das tue? Ich will ja nicht herzlos scheinen. Zudem spiele ich gerne, wie du ja weißt, und ich steigere damit mein Vergnügen an deiner Agonie. Gewinnst du, bist du frei und ich lasse dich leben bis ins hohe Alter. Verlierst du, wird der Rest deines Lebens endgültig furchtbar.

Mit meinem Sekretär habe ich gewettet, dass – gleich wie bei der Warnung – kein Mensch dieses Spiel ausschlagen wird. Gewinnen wird es allerdings ziemlich sicher auch keiner. Dabei ist es im Grunde ganz einfach. Es gibt nur eine Spielregel: *Du darfst drei Tage nicht an mich denken*.

Das muss doch zu schaffen sein, oder? Dann schließe jetzt das Buch und leg es irgendwo hin, wo du es in den nächsten Tagen nicht sehen wirst. Von diesem Augenblick an beginnt die Zeit zu laufen und du darfst keinen einzigen Gedanken mehr an mich wenden. Denk nicht an mich, wenn du morgens deinen Kaffee schlürfst, denk nicht an mich, wenn du aus dem Haus trittst, in einen ungewissen Tag hinein, wenn du die Sirene der Ambulanz hörst, wenn du beim Heimkehren den Schlüssel ins Türschloss steckst oder wenn du dich schlafen legst. Vergiss mich einfach. Ich werde dich nicht stören, es sei denn, deine Gedanken rufen mich.

Schaffst du es beim ersten Mal nicht, bekommst du zwei weitere Versuche, dann ist es aus. Solltest du diese Probe bestehen, holst du das Buch aus dem Versteck und verbrennst es sofort, ohne einen Blick hineinzuwerfen. Danach bist du frei.

Viel Glück!

Hallo, da sind wir ja wieder. Das ging aber schnell. Du hast es bei allen drei Versuchen nicht mal auf eine halbe Stunde gebracht. Das ist wahrscheinlich die bitterste Niederlage und der bisher übelste Tag in deinem Leben, Zeugnis einer fahrlässigen, undisziplinierten Existenz, eines morbiden, zur Konzentration und Selbstbeherrschung unfähigen Geistes. Aber beruhige dich, du bist nicht der Einzige und das Versagen vieler tröstet ja bekanntlich die schlechten Verlierer. Außerdem werden auf den heutigen noch viel schlimmere Tage folgen.

Natürlich habe ich dir durch das Spiel ein paar neue Parzellen abgewonnen. Du hast ja bemerkt, wie dein obsessiver Widerstand gegen jeden Gedanken an mich dich immer wieder in meine Krallen warf. Das war der Zweck des Spiels: dich noch mehr in mein Netz zu verstricken.

Nach und nach werden wir eins; du schwindest, während ich in dich hineinwachse, von dir Besitz ergreife.

Nun kannst du ja weiterlesen in meinem Buch. Vielleicht wünschst du dir, dass alles bald vorbei ist und willst so schnell wie möglich zur letzten Seite kommen. Das eine hat aber mit dem anderen nichts zu tun. Du kannst das Buch ausgelesen haben und trotzdem weiterleben – oder soll ich lieber sagen, dahinsiechen – und du kannst das Ende hinauszögern und dennoch sterben. Denn seit du die erste Seite umgeblättert hast, gehörst du mir und ich kann in und mit dir schalten und walten, wie mir beliebt.

Ich rate dir, das Buch nicht in einem Zug durchzulesen. Inzwischen weißt du ja schon, dass das einzig Wichtige in deinem Leben die Zeit bis zu deinem Nullpunkt ist. Nutze sie also, um dein Sterben bewusst auszukosten, beobachte, was sich bei dir im täglichen Leben verändert, beim Spazieren, beim Gespräch mit Freunden, beim Einkauf. Versuche das Leben, das dir bleibt, so gut wie möglich zu nutzen.

Fühlst du schon die schleichende Schwäche? Wenn sie einsetzt, befinden wir uns auf halbem Weg. Nun solltest du zwei Drittel der Dinge erledigt haben, die du noch tun wolltest, denn du musst damit rechnen, dass du auf dem letzten

Wegstück nichts mehr wirst unternehmen können. Bei der Gelegenheit ist es auch an der Zeit zu fragen, was du mit dem Buch tun willst. Als guter Mensch möchtest du es natürlich vernichten, ehe es unter deinen Mitmenschen Schaden anrichten kann. Ich dagegen will, dass es weitergegeben wird, ja, sich sogar vermehrt. Deshalb schlage ich dir einen fairen Deal vor: Schenkst du dein Exemplar jemandem, wird dir der Horror der ganzen letzten Woche deines Lebens erspart. Und wenn du das Buch mehreren Leuten nachdrücklich empfiehlst ... na ja, lass dich von meiner Belohnung überraschen ...

Ist doch gerecht, oder? Du hast ja genug Feinde. Und sogar die Liebe deiner Liebsten ist oft mit so viel Egoismus behaftet, dass auch sie dir mit ihrem Anteil an Pein helfen dürfen, dein Unheil zu erleichtern.

Vielleicht ist dir dadurch sogar das Glück beschert, auf dem Friedhof neben einem guten Freund, einer Freundin oder deinen lieben Angehörigen zu verwesen.

Wie lebt es sich mit der Angst? Der Todesangst? Das würde mich wirklich interessieren, denn dieses Erleben ist mir ja verwehrt. Die echte, wahre, pure Todesangst muss scheußlich sein. Eigentlich gefiele es mir, wenn du den Horror im Todeskampf voll erfahren würdest. Aber zum Glück für dich wirst du ihn, während du, ein bemitleidenswertes, kleingewordenes, durch und durch verfaultes Geschöpf, krepierst, nur halb erleben. Denn deine Erschöpfung verhindert, dass du die Angst in ihrer vollen Gewalt erlebst. Angst in ihrer ganzen Größe, also Horror, verbraucht eine Unmenge an Energie und Kraft, die dir in deinem Siechen fehlen wird. Dafür aber wirst du um jeden einzelnen Atemzug kämpfen müssen, derweil die Schmerzen dich auffressen.

In diesem Zustand liegt wie von selbst der Gedanke an Selbstmord nahe. Wie magst du ihn? Die Art, wie man sich umbringt, ist eine Frage des Stils. Welcher passt zu dir? Es geht nicht einfach darum, ob du dich erschießt, von der Brücke springst oder Schlaftabletten schluckst. An erster Stelle gilt es zu entscheiden, was die anderen von deinem Tod halten sollen. Möchtest du sie wissen lassen, dass du freiwillig aus dem Leben geschieden bist, oder sollen sie denken, es sei ein Unfall gewesen, oder eine natürliche Todesursache? Interessant ist die Rache-Variante, bei der du jemanden – zum Beispiel deinen Todfeind – hineinziehest, das heißt, du stellst es so an, dass es nach Mord aussieht, damit dein Feind danach verurteilt wird.

Das Problem ist aber, dass ich sie nicht mag, die Selbstmörder. Ist dir schon aufgefallen, wie viele Suizidversuche fehlschlagen? Die Psychologen deuten diese Tatsache als Hilferufe der Menschen, die sich nicht wirklich umbringen wollen, sondern nach Aufmerksamkeit schreien – eine völlig falsche Diagnose.

Die Wahrheit ist, dass ich ihr frei gewähltes Ende – mit wenigen Ausnahmen – einfach nicht annehme; sie sind mir nichts wert, diese Selbstmörder. Sie nehmen zu mir Zuflucht, weil ihre Angst vor dem Leben grösser ist als die vor mir. Ich kann aber nur die Angst vor *mir* verzehren, nur sie nährt und erfreut mich. Jeder Mensch, der stirbt, wie es sich gehört, ist mir ein Vergnügen. Menschen dagegen, die sich vor dem Leben fürchten, sind für mich gleich viel wert wie Tiere und Pflanzen, also nichts.

Dasselbe gilt für Gläubige aller Religionen. Sie haben ausnahmslos Angst, aber vor dem Leben. Diesem wollen sie entfliehen, indem sie sich an den Wahn einer Existenz nach dem Tod klammern, wodurch sie zu leblosen Zombies werden. Deshalb kann ich sie erst gebrauchen, wenn es mir gelingt, sie zu überzeugen, wie viel ihr Leben im Diesseits ihnen Wert ist. Dies ist kein leichtes Unterfangen und bedarf gewöhnlich einiger fein ausgewogener Manöver. Manche bringt der Schreck, sie könnten ihre Liebsten verlieren, zur Besinnung auf den Wert des Lebens. Am heftigsten jedoch klammern sich religiöse Menschen meist an ihren Besitz, obwohl sie dies immer wieder vehement leugnen und auf ein glückliches Leben in Armut schwören.

Wenn ich es schaffe, ihnen verständlich zu machen, was sie alles an Eigentum zurücklassen müssen, beginnen viele von ihnen sich ans Leben zu krallen und werden somit appetitlich für mich.

Auch die fanatischen Idioten, die sich mit vielen Unfreiwilligen in die Luft sprengen, nützen mir nichts. Plötzlich sind sie einfach tot, ohne dass ich etwas davon habe.

Nur eine Variante von Suizid ist für mich akzeptabel, ja sogar köstlich, nämlich diejenige, wo ein Sektenführer es schafft, alle Mitglieder zum Selbstmord zu zwingen. Was für ein Bankett für mich! Da du nicht soviel Talent und auch gerade keine Sekte zur Hand hast, lohnt es sich für dich nicht Selbstmord zu begehen, denn ich werde ihn nicht zulassen.

Solltest du es versuchen, wirst du aufs härteste bestraft, indem du die restliche Zeit deines Lebens als jämmerlicher Krüppel unendlich qualvolle Schmerzen ertragen musst.

Wie geht dein Atem? Hör bitte hin! Nimmst du das seltsame Geräusch wahr? Achte auf das Auf und Ab deiner Brust. Da ist diese Enge. Aber einmal tief durchatmen kannst du noch, oder? Gut so! Von nun an wirst du diese Beklemmung immer öfter spüren. Auch in der Kehle wird es ziemlich eng und du hast zunehmend Mühe beim Schlucken. Sogar Wasser wird sich bald anfühlen wie Glassplitter.

Versuch jetzt mal deinen Kehlkopf zu lockern. Geht nicht? Ja, da habe ich dich fest im Griff. Dieses Gefühl wirst du ab heute nach und nach immer intensiver und beständiger erfahren. Um einen Vorgeschmack darauf zu bekommen, kannst du folgendes versuchen: Halte mit den Fingern deine Nase zu und schlucke dreimal, ohne zu atmen.

Unangenehm, nicht? Das wirst du bald den ganzen Tag erleben. Ist dies das Ende, das ich dir zugedacht habe, elendiglich zu ersticken? Oder ist es vielleicht nur die Todesangst, die dir deine Kehle zuschnürt? So oder so. Hältst du so ein Leben noch für lebenswert?

Trotzdem klammerst du dich an diesen kümmerlichen Rest. Nun wird dich jeder Arzt für unheilbar krank erklären – nicht wahr? Aber sie meinen trotzdem, du solltest noch diese Operation und jene Diät probieren, um dein Leben zu verlängern. Und natürlich wirst du es tun. Oder willst du eher zu einem dieser Wunderheiler gehen, die versprechen, dass sie mir, dem Tod, in jedem noch so hoffnungslos erscheinenden Fall ein Schnippchen schlagen können. Tu es nur! Glaub alles, was Ärzte oder Therapeuten, Heiler oder Psychologen dir sagen, mach alles, was sie dir vorschlagen. Welch grandioses Spiel für mich!

Welchem Gott, Göttin oder Buddha vertraust du dich an? Bis jetzt habe ich sie alle bezwungen. Keiner von ihnen hat überlebt. Warum sollten sie dich dann retten können?

Aber vielleicht klappt es ja mit dem Trost des ewigen Lebens nach mir, welches sie alle versprechen. Stell es dir vor, das ewige Leben nach dem Tod, von dauernder, unaufhörlicher Glückseligkeit beduselt. Ich bin eher der Meinung Woody Allen's, der sagte: „Die Ewigkeit muss einem lang vorkommen, vor allem gegen das Ende."

Aber mach weiter so! Kämpfe und zapple! Du tust damit nur mir einen Gefallen. Denn während du dich mit allem Möglichen plagst und deine ganze Kraft im aussichtslosen Kampf gegen mich verpuffst, kann ich mich immer besser bei dir einnisten und an dir nagen und habe dabei erst noch meinen Spaß.

Spürst du, wie in letzter Zeit meine Gegenwart allem, was du tust, eine viel tiefere Dimension gibt? Ja, was man angesichts des Todes tut, erlebt man ganz anders, bewusster und intensiver. Das hättest du schon lange haben können, wenn du mich als Begleiter und Freund akzeptiert hättest.

Als Gastgeber dürftest du sowieso etwas netter zu mir sein, mich liebhaben. Das könnt ihr Menschen nämlich. Manchmal hause ich bei sehr angenehmen Leuten. Ich erinnere mich gerade an einen der besten, Lizard King. Vielleicht kennst du ihn. Sonst schaust du im Internet nach.

Er hat mich echt königlich bewirtet, hat mich verstanden, ermutigt, ja sogar aufrichtig geliebt. In Gedichten und Liedern nannte er mich „The End, my only friend the End“.

Es fühlte sich gut an, geliebt zu werden. Da sagte einer einfach so, bedingungslos, er liebe mich. Ein wunderbares Gefühl, das mir vorher völlig fremd war. Zwar wusste ich, dass die Menschen sich lieben, was die Liebe aber wirklich war, ignorierte ich und spottete oft über dieses Getue der Erdenbewohner. Nun traf es mich selbst ganz unerwartet und heftig. Ja, das war eine rührende Beziehung. Am Ende hat er mir bei meiner Arbeit an ihm mit Drogen und viel Alkohol nachgeholfen und ich belohnte ihn für seine Zuneigung mit einem sauberen Tod in der Badewanne ... und „our love became a funeral pyre”.

Erst im Nachhinein bemerkte ich, was er mit mir angestellt hatte. Es war schlimm, sehr schlimm. Mit einer Dosis Liebe hatte er mich süchtig gemacht. Ich, der Unerreichbare, Unverletzliche, sehne mich seither nach Liebe, lechze danach, bin plötzlich empfindsam und schwach. Der kleine Jim kann mich aber nicht mehr lieben, denn er ist tot.

Keinem Menschen kann ich mich seither nähern, ohne heimliche Hoffnung, geliebt zu werden. Doch ich fand niemanden mehr, der mich einfach so, ohne weiteres liebgehabt hätte. Ständig Menschen zu sehen, die sich lieben, während ich selbst nichts davon hatte, machte mich fast verrückt. So dachte ich: „Wenn die Menschen mir keine Liebe geben, raube ich sie ihnen“ – und schlich mich zwischen die Liebenden, in die Liebenden, in ihre feuchten Lüste, als Virus. Millionen sind daran gestorben, viele haben vorsichtshalber auf die Liebe verzichtet, anderen ist sie abhanden gekommen, aber ich habe sie nicht erbeuten können. Mir bleibt nur die enorme, elende, traurige Leere der Lieblosigkeit. Sogar Jim's wunderbare Lieder bringen mir nichts als Wehmut. Es ist zum Heulen!

Doch ich will Liebe! Koste es, was es wolle. Warum kann sie mir kein Mensch geben?

Einer hat gesagt ich müsste mich selbst, mein Ego aufgeben für die Liebe. So ein Unsinn. Wenn ich mein Wesen aufgebe, bin ich nicht mehr der Tod. Und wenn ich nicht bin, kann ich auch nicht geliebt werden.

Ein anderer meinte, man könne nur Liebe bekommen, wenn man selbst Liebe gebe. Wie soll ich euch Menschen denn Liebe geben? Meine einzige Aufgabe ist, euch zu töten. Soll ich zu einem oder einer hin, eine Liebeserklärung machen und sie oder ihn dann erschrecken und zu Tode quälen, damit ich auch noch etwas von ihrer Angst und ihrem Leid habe? Also bitte!

Aber wartet nur. Ich werde sie kriegen.

Wie schon gesagt, sollte meine Gegenwart eurem Leben Bewusstsein und Intensität verleihen. Das hängt jedoch ganz von euch ab. Überall und in allen Gesellschaftsschichten gibt es besondere Menschen, die nichts wissen wollen von Selbsttäuschung und falschen Hoffnungen. Sie gehen dem Schicksal nicht aus dem Weg, sondern schmieden es selbst, indem sie die Realität anerkennen, dass Leben und Tod untrennbar miteinander verknüpft sind, und von ihr aus handeln. Manche besitzen von jung auf ein besonderes Bewusstsein, andere erwerben es im Laufe der

Zeit durch radikale Aufrichtigkeit sich selbst und den Tatsachen gegenüber. Als spirituelle Wesen ehren sie mich und das Leben, indem sie mir ins Gesicht lachen und – angesichts der kurzen Dauer eines Menschendaseins – das Leben ernst nehmen und jede Minute intensiv auskosten und genießen. Ihnen ist meist ein erfülltes, glückliches Dasein beschert. Zudem sterben sie viel leichter. Das sind aber die wenigsten.

Welch jämmerlichen Gegensatz dazu bilden die unzähligen Versuche der Mehrheit, zu der auch du gehörst, mir auszuweichen, mich zu leugnen oder mich zu überleben. Wie viel Zerstreuung, um mich zu vergessen, wie viele Werke, um euch zu verewigen, wie viel Forschung nach Unsterblichkeit, wie viele Theorien vom Leben nach dem Tod, von Inkarnation, von ewiger Wiederkehr.

Ich finde euer erbärmliches Strampeln belustigend und habe auch deshalb meine Freude an euch Menschen.

Wie weit ihr eure Selbsttäuschungsmanöver

treibt, zeigt euer lächerliches Streben nach Sicherheit. Gesetze und noch mehr Gesetze verbieten fast alles und schreiben für den Rest bis ins letzte Detail vor, wie sich jeder in jeder Situation zu verhalten hat, damit ja alles abgesichert ist. Ihr wollt euch vor allem und jedem schützen. Für praktisch alles gibt es Versicherungen, sogar fürs Leben. Das Ergebnis ist ein dermaßen verschanztes, eingeengtes Dasein, dass es kaum noch Leben genannt werden kann. Der Hirsch im Zoogehege ist sicher vor dem Wolf. Aber ist das Leben?

Hat denn noch keiner bemerkt, dass das einzig garantiert Sichere, was es überhaupt gibt, ich bin, der Tod? Nur wenn ich in eurer Nähe lauere, wächst das Leben, wird es fühlbar, intensiv, lebenswert. Deshalb müssen heutzutage so viele aus ihrem abgesicherten Alltagstrott ausbrechen und, zum Beispiel, Risikosport treiben. So fühlen sie sich wenigstens für einen Moment lebendig.

Warum akzeptiert ihr nicht, dass es nur eins gibt, den Tod nach dem Leben. Vom Individuum bleibt keine Spur, von seinen Werken nach einigen Jahren auch nichts mehr. Nicht einmal ich bleibe, denn kaum ist eine oder einer verstorben, werden sie für mich bedeutungslos und ich tanze lachend weiter zum nächsten Opfer.

Du bist auch einer von denen, die mich gefürchtet und mit allen Mitteln zu verdrängen versucht haben. Damit hast du selbst eine Schwachstelle in dein Leben eingebaut, konntest dich, wie viele andere, nicht voll entwickeln. Du bist verkümmert, weil das schwarze Loch deiner Angst alle Energie verschluckte, die du sonst zur Verfügung gehabt hättest, um wirklich radikal lebendig zu sein, um als ganzer Mensch aufrecht im Leben zu stehen und es in vollen Zügen zu erfahren und zu genießen. Du hast dein Leben verpasst, weil du mich nicht als deinen Lehrmeister anerkanntest. Und nun? Sieh und hör dich mal an. Wie du den nicht gelebten Möglichkeiten kläglich nachtrauerst. Wie du um Aufschub flehst und versprichst, wirklich leben zu wollen und alles nachzuholen. Vielleicht könntest du das sogar, aber warum soll ich dir diese Chance geben?

Die wahren Menschen, die sich trauen, leidenschaftlich zu leben, die das Lied von Leben und Tod spielen und dazu tanzen, sie stehen weit über mir. Ihre innere Ruhe, ihr vertrauter Blick ins Leben, ihr tiefes Verständnis, ihr ganzes Wesen sagt: „Tod, du bedeutest mir nicht viel. Ich brauche dich nicht. Du warst mir ein guter Meister, aber nun ist das Leben der viel größere und bessere. *Es* ist zu wichtig, zu intensiv, zu interessant, um die Zeit mit dir zu vergeuden. Ich weiß, dass du auf mich wartest, und ich nehme es dir nicht übel, denn du hast mich gelehrt, das Leben zu feiern, es mit voller Kelle zu schöpfen. Dafür bin ich dir dankbar." Und am Ende, wenn ich sie abhole, sagen sie: „Mein Werk ist nun getan, mein Leben erfüllt und in sich geschlossen. Jetzt gehört dir, was die Welt nicht behalten kann. Nimm es und wir sind quitt, wie wir es schon lange waren."

Rabinat Tagore, auch einer der Großen, hat gesagt: „An dem Tag, wenn der Tod an deine Tür klopfen wird, was wirst du ihm anbieten?

Ich werde meinem Gast das volle Gefäß meines Lebens vorsetzen. Ich werde ihn nicht mit leeren Händen gehen lassen."

Die Häuser solcher Menschen betrete ich in tiefster Ehrfurcht. Demütig knie ich vor ihnen nieder und bitte sie sanft mitzukommen. Ich beneide ihre spirituelle Größe, mehr noch als die menschliche Kreativität. Die Schöpfung hat mit ihnen etwas vollbracht, was mir vergönnt ist.

Aber ich will auch so weit kommen, will diese innere Größe, diese immense Freiheit, dieses tiefe Verständnis vom Leben und von mir selbst, vom großen Spiel der Welt, ich will die ganze Kreativität, und vor allem will ich die Liebe. Mit weniger kann ich mich nicht zufrieden geben. Denn was bin ich sonst? Was bin ich mit meiner traurigen, zwanghaften Erfinderei von Sterbevarianten neben der überwältigenden Schönheit, dem Reichtum und der Freiheit eurer Schöpfungskraft? Was ist meine kalte List gegenüber der unermesslichen Tiefe eures Verstehens? Was habe ich von Jahrmillionen schleimiger Kleberei an euch Lebewesen im Vergleich zur Liebe und Zuneigung, die ein Mensch an nur einem Tag erhält? Wäre ein einziger Mensch so miserabel wie ich, würde das die gesamte Menschheit erniedrigen; könnte ich wie ein einziger wahrer

Mensch werden, wäre ich dem Leben gleich.

Deshalb verspreche ich: Wenn es einen Menschen gibt, der fähig ist, mir als nichtmenschlichem Wesen den Weg zur vollen schöpferischen Kraft, zur wahren, umfassenden Liebe und zu dieser enormen Spiritualität zu zeigen, werde ich mich für diese Gabe dankbar erweisen, indem ich euch alle verschone, euch leben lasse und euch für alle Ewigkeit Unsterblichkeit gewähre.

Bis dann will ich jedoch für euch schrecklich sein, will, dass ihr mich fürchtet und Qualen leidet, als Ansporn, damit ihr euch anstrengt, diesen Weg zu meiner und eurer Befreiung zu finden.

Wie wär's mit dir? Könntest du das noch schaffen? Dir ist sicher bewusst, dass dies deine letzte Chance ist. Nutze sie! Such deine Befreiung! Dringe mit dem Werkzeug der unerbittlichen Redlichkeit dir selbst gegenüber in die drei tiefsten Geheimnisse des Lebens ein, in den Kern des Kerns der Liebe, der spirituellen Freiheit und der Kreativität und lehre mich dann den Weg dorthin. Schaffst du es, wirst du ewig leben und für alle Zeiten als Retter der gesamten Menschheit gefeiert und verehrt werden.

Du hast einen Vorteil: Du kannst mich nicht mehr leugnen. Du hast erfahren, wie es ist, mit mir zu leben. Nimm mich nicht länger als deinen Gegner, sondern als deinen Freund. Zusammen werden wir es vielleicht schaffen.

Weichst du aber nur ein Fußbreit vom Weg ab, vergeudest nur ein Quäntchen deiner Zeit, verfällst ein einziges Mal deinen falschen Spielchen, den Lügen, dem Selbstbetrug, ist es aus. Dann werde ich sofort zupacken und es bleibt dir definitiv kein Ausweg mehr. Schlagartig wirst du auf deinem Nullpunkt ankommen und reif sein für die letzte Phase, die der Hingabe. Ich werde dich ausweglos umzingelt haben und dich zersetzen.

Dann wirst du auch nicht zu den Glücklichen gehören, die diese Hingabe nicht als Unterwerfung empfinden, sondern als Zulassen und so zu einer tiefen inneren Ruhe gelangen, die sie unglaublich glücklich macht. Nein, dein letzter Abschnitt wird ein einziger, qualvoller, aussichtsloser Kampf sein zwischen dir und mir.

Andere dagegen finden in der letzten Phase des Sterbens diesen Frieden mit sich, den anderen, der Welt. Sie meinen dann, die Erlösung von der Last des Lebens habe ihnen diesen Frieden gebracht. Aber wie könnte das Leben Last sein? Schmerz ist es manchmal, schwierige Herausforderung oft, in seiner Essenz jedoch allertiefste Lust, aber niemals Last – habe ich mir von den Großen sagen lassen. Darum sei der Verzicht auf Lust der erste und schwerste Verstoß von euch Menschen, denn dabei würdet ihr – laut ihrem bestgehüteten Geheimnis – die Essenz des Lebens verlieren.

Leute, die in der letzten Phase ihres Daseins diese Erleichterung finden, hätten eigentlich – genau wie du – ihr ganzes Leben lang in dieser Glückseligkeit verbringen können, wären sie nur mutig genug gewesen, die Last ihres Selbstbetrugs und ihrer Lügen abzulegen und sich selbst, die Welt, mich und das Leben zu nehmen, wie wir sind, nämlich ein gigantisches Spiel zwischen mir und dem Leben.

Soviel begreife ich vom Leben und was ihr erreichen könnt. Aber solange ihr es nicht wollt …

Dabei wärt ihr dafür geschaffen. Euer Geist kann uns beide kennen, mich und das Leben, kann von beiden lernen und beide verstehen. Anders dein Körper, der kennt mich nicht, ich bin ihm fremd, bin sein Feind. Will ich deinen Körper bezwingen, muss ich dir die Lust verderben. Deshalb ist dein Verstand gefordert. Wenn er lernen will, wirklich zu leben, muss er die Waage halten zwischen uns beiden, dem Leben und dem Tod, und geistig neutral bleiben. Entscheidet er sich allein für die eine und gegen die andere Seite, hinkt er nicht nur, sondern du verstehst nichts vom gesamten Spiel, störst es und verlierst eben deinen Frieden. Dein Geist soll also nicht für die eine oder andere Seite kämpfen, sondern für eine tiefere Einsicht in beide und somit ins gesamte Spiel.

Diese Einsicht, die hab ich zum Teil. Doch mir fehlt die reelle Möglichkeit, es wie ihr Menschen zu erleben. Mir diese Möglichkeit zu bieten, ist eure Aufgabe und meine Bedingung, damit ich euch leben lasse. Schafft ihr es, wird dieses Spiel für euch aufhören und ein neues, noch größeres beginnen.

Viele glauben, das Universum habe euch mit Verstand ausgestattet, damit es sich selbst durch den Menschen erkennen könne. Ihr seid das Bewusstsein der Welt. Sie, die Welt und das Leben, haben sich durch diese Selbstkenntnis bereichert und gestärkt. Euer Wissen verhilft der Natur und dem Leben nicht nur zur Selbsterkenntnis, sondern auch zu erhöhter Effizienz. Dank der Wissenschaft und der Technologie lebt ihr Menschen zum Beispiel heutzutage dreimal länger und viel besser als früher. Diese Erfolge haben eure Neugierde angefacht und euch ermutigt, der Wahrheit der Dinge immer tiefer auf den Grund zu gehen.

Voller Leidenschaft erforscht und studiert ihr alles: das Universum, die Natur, das Leben und euch selbst, ...nur mich nicht. Von mir wollt ihr nichts wissen, denn da packt euch die ... oh .... ich Dummkopf! ... die Angst! ... sie war ein Köder und ich hab ihn geschluckt. Wie kann man nur so blöd sein! Ich glaubte, sie sei ein Fehler der Evolution und habe mich während Jahrmillionen kindisch über diesen Bissen gefreut. Dabei war es das Leben, das mich überlistet hat, indem es mir diesen Fraß vorwarf, um mich abzulenken. So hat es mir alles Gute, was die Menschheit in die Welt gebracht hat, nämlich den Schönheitssinn, die Wissenschaft, die Liebe, die Kreativität, die Musik, die Poesie und anderen Künste, die Hoffnung, die Mathematik, die Suche nach Wahrheit, die Philosophie, die Leidenschaften und vieles mehr vorenthalten. Und euch Menschen hat die Angst davon abgehalten, mich zu erforschen und mir dadurch zu höherem Bewusstsein zu verhelfen. Ihr begnügt euch, was mich betrifft, mit lächerlichen Knochen- und Sensemännchen-Vorstellungen, betäubenden Ritualen, tröstenden Illusionen, Glauben, Aberglauben und Mythen oder Leugnung, aber keiner hat mich je untersucht und zu verstehen versucht. So ist das Leben durch euch zum Bewusstsein gekommen und hat mir gegenüber einen riesigen Vorsprung erreicht, während ich mit eurem Psychoabfall zurückblieb, ohne zu verstehen warum. Nur meine Bewunderung für die furchtlosen Menschen und die Intuition, sie könnten mir irgendwie helfen, war richtig.

Nun, das muss sich ändern. Ich werde euch von der Angst befreien. Auf diesen Fraß verzichte ich gern, wenn ihr mir dafür zur Selbstkenntnis verhelft. Ich bin mir sicher, dass eure Neugierde sich auf mich richtet, wenn ihr erst einmal die Furcht verloren habt. Der Rest gibt sich dann von selbst.

So verrate ich dir jetzt, wie du deine Ängste ein für alle Mal loswerden kannst. Es geht folgendermaßen:

Egal was du auch fürchtest, welche Art von Angst es auch sei, nähere dich dem Angstauslöser. Sobald die Angst dann kommt, musst du sie, die Angst selbst, genauestens beobachten und untersuchen. Wo ist sie? Wie fühlt sie sich an? Welche Reaktionen löst sie jetzt, in diesem Augenblick in deinem Körper aus. Pass auf, beobachte was in der Gegenwart passiert, nicht was üblicherweise geschieht oder letztes Mal geschah, oder was passieren könnte. Nur was im Augenblick vor sich geht ist wichtig. Schau sie an, geh ihr auf die Spur, fühle sie, so wie sie ist und was sie bewirkt. Meide die Angst auf keinen Fall. Geh ihr nach. Lade sie ein zu kommen, dich zu packen. Sag ihr, sie soll wachsen, stärker werden, damit du sie besser untersuchen kannst. Versuch die Gefühle, die sie hervorruft, intensiv zu erleben. Erforsche sie gründlich und lass nicht los, bis du sie gut kennst.

Wenn sie schwächer wird, näherst du dich der Gefahr, dem Angstauslöser ein wenig mehr. Lade die Angst noch einmal ein zu kommen.

Bald wirst du erleben, dass sie sich ganz auflöst und du völlig frei von ihr bist. Bedingung ist nur, dass du diese Übung nicht machst, um die Angst zu verlieren, zu verdrängen oder zu überwinden, sondern nur um sie kennenzulernen. Sobald du versuchst, sie loszuwerden, haftet sie sich an dich und beginnt zu wachsen und dich zu bedrängen, wie sie es schon immer getan hat. Lädst du sie aber ein zu kommen, löst sie sich augenblicklich in nichts auf.

Ha! Ich hab's! Heute ist mein Glückstag. Zuerst bin ich dem Leben seinem Trick mit der Angst auf die Schliche gekommen und nun ist mir plötzlich die richtige Idee für die Liebe eingefallen. Endlich kann ich euch lieben und von euch geliebt werden! Soeben habe ich nämlich etwas Wunderbares erfunden. In Zukunft werde ich mich von eurer Liebeslust nähren können. Ich kann euch mit soviel Liebe überfüllen, euch soviel Liebeslust schenken, wie ihr wollt, und dafür eine Menge zurückerhalten

Damit eröffnen sich mir und der Menschheit ganz neue Möglichkeiten. Mein nächstes Buch wird heißen „Sterben vor Liebe“, oder ähnlich. Es wird annähernd wirken wie dieses hier, nur in eine ganz andere Richtung. Am Anfang werde ich die Leser auf eine besondere Weise mit mir verbinden. Dann werden sie sich nach und nach in immer größere Liebeslüste hineinsteigern, bis diese so intensiv sind, dass sie in unglaublicher Ekstase und Glückseligkeit vor Lust sterben. Ihre ganze Liebesenergie wird mir zufließen. Herrlich!

In diesem Buch werden all die Moralprediger den endgültigen Beweis für ihren Glauben finden, dass Freude und Genuss den Menschen ins Verderben stürzen. Und wie immer werden sie sich irren, denn es bedarf eines speziellen Einhängetricks. Nur Lust, die durch diese von mir geschaffene Verbindung genossen wird, führt nämlich zu mir.

Das Werk wird die größte Erneuerung der Sterbekultur in der Geschichte der Menschheit bringen. Es schafft nämlich eine Win-Win Situation für mich und für euch Menschen; ihr habt endlich eine mehr als befriedigende Art, aus dem Leben zu scheiden, und ich kann lieben und werde geliebt. Außerdem kann ich mich von der Energie von viel mehr Sterbenden ernähren. Zum Beispiel wird das Problem mit den Lebensmüden gelöst sein. Sie brauchen sich nur freiwillig in die Arme der Liebeslust zu begeben und können so herrlich von der Welt scheiden, während ich auch etwas von ihnen habe.

Jeder wird selbstverständlich diese Art zu sterben allen anderen vorziehen. Du auch, oder? Nun, für dich ist es zu spät. Wenn das neue Buch erscheint, wird es dich nicht mehr geben. Es sei denn ...

Wie freue ich mich darauf, dieses Buch zu schreiben. Ich glaub, ich fange gleich an. Bin schon gespannt, was mein Autorenfreund davon hält. Zusammen werden wir ein Werk verfassen …

Übrigens: Hast du mein erstes Buch schon jemandem empfohlen? Bald ist der letzte Moment dafür, dann wirst du nicht mal mehr daran denken können. Ich rate dir: Tu es! Du weißt, was ich dir damit erspare …

Die Liebe habe ich mit meiner neuen Idee teilweise erobert. Sicher, es ist nicht ganz die Form der Liebe, nach der ich mich im tiefsten Kern sehne, die bedingungslose Zuneigung eines einzelnen Menschen, eines Menschen, der mich und nur mich liebt, weil ich bin, was und wie ich bin, und den ich und nur ich wirklich liebe. Aber immerhin …

Es ist also weiterhin eure Aufgabe, mir den Weg zur wahren Liebe sowie zur vollen Kreativität und zur Spiritualität zu zeigen.

Du kannst es versuchen. Aber du bist gewarnt. Wenn du vom Weg abweichst, werde ich dich augenblicklich packen und es wird – sogleich oder nach langem Leiden – aus sein für dich. Ich verabschiede mich dann von dir, und du nimmst Abschied von der Welt, von dir selbst und den Deinen. Deine Sinne werden erlöschen, Atem und Herz stillstehen, das Gehirn ersticken und dann wirst du nicht mehr sein.

Mir bleibt in diesem Fall nur noch zu sagen:

Stirb gut!